Libro De Tha

La Guía Completa Para Cocinar Comida Fácil Y Moderna. Recetas Tailandesas Para Disfrutar En La Comodidad De Su Casa, Incluyendo Técnicas Para Principiantes (Spanish Version)

Melania Torrez

1

Tabla de Contenidos

La obra aquí contenida ha sido elaborada con la intención de proporcionar conocimientos e información relevantes sobre el tema descrito en el título con fines exclusivamente de entretenimiento. Aunque el autor ha hecho todo lo posible por proporcionar información actualizada y veraz, no se puede hacer ninguna aseveración sobre su exactitud o validez, ya que el autor no ha hecho ninguna afirmación de ser un experto en este tema. No obstante, se pide al lector que investigue por su cuenta y consulte a los expertos en la materia que considere necesarios para garantizar la calidad y la exactitud del material aquí presentado.

Esta declaración es jurídicamente vinculante según el Comité de la Asociación de Editores y la Asociación de Abogados Americanos para el territorio de los Estados Unidos. Otras jurisdicciones pueden aplicar sus propios estatutos legales. Cualquier reproducción, transmisión o copia de este material contenido en esta obra sin el consentimiento expreso y por escrito del titular de los derechos de autor se considerará una violación de los derechos de autor según la legislación vigente en la fecha de publicación y posteriormente. Todas las obras adicionales derivadas de este material pueden ser reclamadas por el titular de estos derechos de autor.

Los datos, las representaciones, los acontecimientos, las descripciones y cualquier otra información se consideran verdaderos, justos y exactos, a menos que la obra se describa expresamente como una obra de ficción. Independientemente

Introducción

Felicitaciones por la compra del *Libro De Recetas Thai* gracias por hacerlo.

A todas las personas les encanta probar nuevos sabores de diferentes partes del mundo de vez en cuando. Sin embargo, debido a determinadas circunstancias, no todo el mundo puede viajar por el mundo para degustar nuevas cocinas. ¿No sería genial si pudieras probar nuevos sabores sin necesidad de viajar? En este libro, conocerás la cocina tailandesa junto con sus especialidades. He incluido una amplia gama de recetas para ayudarte a preparar los platos auténticos de Tailandia en la cocina de tu hogar. La cocina tailandesa se trata principalmente de arroz y fideos. Con la ayuda de este libro, aprenderás sobre muchos platos auténticos de Tailandia, además de los fideos y el arroz.

El primer capítulo está dedicado a los conceptos básicos que te ayudarán a entender la auténtica cocina tailandesa en general. Cada parte de Tailandia tiene algo especial que ofrecer. En este libro, encontrarás un enfoque integral para cocinar platos tailandeses en casa. Las recetas son bastante simples y, con un mínimo esfuerzo de tu parte, puedes degustar la esencia real de esta cocina.

Hay muchos libros sobre este tema en el mercado, ¡gracias de nuevo por elegir este! Se hizo todo lo posible para garantizar que esté lleno de tanta información útil como sea posible, ¡Disfrútalo!

Asegúrese de dejar una breve reseña si lo disfrutas; realmente me encantaría escuchar

Rollo de huevo Pad Thai

Tiempo total de preparación y cocción: cuarenta y cinco minutos

Rinde: cuatro porciones

Información nutricional: Calorías: 540,3 | Proteínas: 28,9 g | Carbohidratos: 27,3 g | Grasas: 27,6 g | Fibra: 9,1 g

Ingredientes

- Cien gramos de fideos de arroz
- Dos cucharadas de jugo de limón
- Una cucharada de salsa de pescado
- Media cucharada de azúcar morena
- Dos cucharadas y media de kecapmanis
- Tres cucharadas de aceite de maní
- Trescientos gramos de tofu (firme, cortado en trozos de una pulgada)
- Una zanahoria (con cinta)
- Media taza de ejotes (picados)
- Tres cebollas verdes (en rodajas)
- Ocho huevos grandes

Ingredientes

- Cinco cabezas de bok choy (bebé)
- Una cucharada de aceite de coco

Para la salsa:

- Cuatro dientes de ajo (picados)
- Dos cucharadas de salsa de ostras
- Tres cucharadas de salsa de soja
- Una cucharada y media de salsa de pescado
- Una cucharada de salsa de chile dulce
- Tres cuartos de cucharada de azúcar morena

Método

1. Comienza cortando la parte inferior de cada cabeza de bok choy para separar las hojas individuales.
2. Combina los ingredientes de la salsa en un tazón. Mezcla bien para disolver el azúcar.
3. Toma un wok grande y agrega aceite. Añade el bok choy junto con tres cucharadas de la salsa. Sofríe los ingredientes durante dos minutos. Continúa agregando un poco de salsa hasta que el bok choy esté cocido.
4. Sirve el bok choy en platos para servir con el jugo de wok por todo el plato.

Verduras tailandesas salteadas con jengibre, ajo y lima

Tiempo total de preparación y cocción: veinte minutos

Rinde: cuatro porciones

Información nutricional: Calorías: 290 | Proteínas: 11,3 g | Carbohidratos: 41,3 g | Grasas: 11,9 g | Fibra: 12,3 g

Ingredientes

- Dos cucharadas de aceite
- Un cuarto de taza de chalotes (picados)
- Seis dientes de ajo (picados)
- Dos piezas de galanga (cortadas en palitos de fósforo)

- Un chile rojo (en rodajas)
- Una zanahoria (en rodajas)
- Seis hongos shitake (en rodajas)
- Una pequeña cabeza de coliflor (cortada en floretes)
- Un brócoli pequeño (cortado en floretes)
- Un pimiento rojo (cortado en tiras)
- Tres tazas de bok choy (bebé)
- Media taza de albahaca tailandesa

Para la salsa:

- Dos tercios de taza de leche de coco
- Tres cucharadas de salsa de pescado
- Una cucharada de jugo de lima
- Media cucharadita de hojuelas de chile
- Dos cucharaditas y media de azúcar morena

Método

1. Mezcla la salsa de pescado, la leche de coco, las hojuelas de chile, el jugo de lima y el azúcar morena. Mezcla bien para disolver el azúcar. Ajusta el sabor agregando un poco de jugo de limón y sal.

2. Toma un wok y agrega dos cucharadasde aceite. Agrega el ajo, el chile, la galanga y las chalotas. Cocina por dos minutos.

3. Agrega los champiñones, las zanahorias, la coliflor, el brócoli, el pimiento rojo y la salsa. Cocina a fuego lento los ingredientes durante dos minutos. Agrega el bok choy. Cocina a fuego lento durante dos minutos manteniendo las verduras crujientes.

4. Sirve con hojas de albahaca por encima.

Curry de vegetales verdes

Tiempo total de preparación y cocción: cincuenta minutos

Rinde: cuatro porciones

Información nutricional: Calorías: 605.3 | Proteínas: 26,9 g | Carbohidratos: 90,3 g | Grasas: 16,9 g | Fibra: 21,4 g

Ingredientes

Para la pasta de curry:

- Un tallo de limoncillo (en rodajas)
- Una cucharada de cilantro (molido)
- Dos cucharaditas de comino (molido)

- Una cucharada y media de salsa de soja
- Media cucharadita de azúcar
- Tres chiles verdes (en rodajas)
- Un cuarto de taza de chalota
- Tres dientes de ajo de dos pulgadas de galanga (rallados)
- Dos hojas de lima (cortadas en tiras finas)
- Una taza de cilantro (picado)
- Una cucharadita de sal

Para el sofrito:

- Una lata de leche de coco
- Una taza de caldo de verduras
- Dos hojas de lima
- Dos tazas de tofu (cortado en cubos)
- Una batata (en cubos)
- Un calabacín (en rodajas)
- Media taza de guisantes
- Tres cucharadas de aceite

Método

1. Agrega todos los ingredientes enumerados para la pasta de curry en una licuadora. Añade un tercio de la lata de leche de coco y licúa hasta que quede suave.
2. Calienta una sartén. Rocía un poco de aceite. Agrega la pasta. Fríe durante dos minutos.
3. Agrega las hojas de lima junto con el caldo.
4. Cocina a fuego lento durante dos minutos. Agrega el tofu junto con la batata.
5. Cocinala mezcla a fuego lento durante diez minutos. Agrega el calabacín y el pimiento. Revuelve los ingredientes y cocina a fuego lento durante cinco minutos.
6. Baja el fuego y agrega el resto de la leche de coco. Cocina por dos minutos.
7. Sirve en tazones con albahaca por encima.

Pad Thai de calabaza espagueti

Tiempo total de preparación y cocción: cuarenta y cinco minutos

Rinde: cuatro porciones

Información nutricional: Calorías: 360 | Proteínas: 12,5 g | Carbohidratos: 31,3 g | Grasas: 23,9 g | Fibra: 7,9 g

Ingredientes

- Una calabaza espagueti (cocida, con el relleno raspado)
- Media libra de tofu (cortado en cubos de una pulgada)
- Dos cucharadas de salsa de pescado
- Una cucharada y media de tamarindo

- Una cucharada de azúcar
- Media taza de cilantro
- Tres cucharadas de aceite
- Tres cebolletas (en rodajas)
- Un diente de ajo (picado)
- Dos cucharadas de maní (picado)
- Tres onzas de brotes de soja
- Una lima (cortada en cuartos)

Método

1. Comienza asando los cubos de tofu en un asador revolviendo con una cucharadita de aceite. Asa durante ocho minutos.
2. Toma un tazón y mezcla el tamarindo, la salsa de pescado, el cilantro, el azúcar y dos cucharadas de agua.
3. Calienta una sartén y agrega el aceite. Añade las cebolletas junto con el ajo. Saltea por un minuto.
4. Agrega los brotes de soja. Cocina por un minuto. Agrega la salsa junto con la calabaza espagueti, el tofu y el cilantro. Mezcla bien para combinar todos los ingredientes.
5. Sirve con cebolletas por encima.

Curry de calabaza tailandés

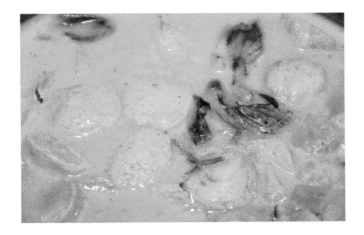

Tiempo total de preparación y cocción: treinta minutos

Rinde: cuatro porciones

Información nutricional: Calorías: 480 | Proteínas: 15,6 g |
Carbohidratos: 69,7 g | Grasas: 18,6 g | Fibra: 15,4 g

Ingredientes

- Una calabaza pequeña
- Un ñame pequeño (en cubos)
- Dos zanahorias (cortadas en rodajas)
- Un pimiento amarillo (cortado en cubos)
- Una taza de tomates cherry

- Media lata de garbanzos
- Dos cucharadas de ralladura de naranja

Para la salsa:

- Cuatro dientes de ajo
- Dos chiles rojos
- Una lata de leche de coco
- Una cucharadita de pasta de tamarindo
- Dos cucharadas y media de salsa de soja

Una cucharada de cada uno:

- Jugo de lima
- Azúcar morena
- Comino
- Cilantro (molido)
- Dos cucharadas zumo de naranja
- Media cucharadita de cúrcuma
- Un tercio de cucharada de vinagre de arroz
- Una cebolla (en rodajas)

Método

1. Agrega todos los ingredientes de la salsa en una licuadora de alta potencia. Mezcla bien.
2. Corta la calabaza y usa una cuchara para sacar todas las semillas. Corta la calabaza en cubos pequeños.
3. Agrega el ñame, las zanahorias y la calabaza en el wok. Agrega la salsa de curry y sofríe durante dos minutos.
4. Hierve la mezcla y cocina a fuego lento durante seis minutos.
5. Agrega los tomates cherry, el pimiento, la ralladura de naranja y los garbanzos. Cocina a fuego lento durante tres minutos.
6. Sirve el curry con arroz jazmín al lado.

Curry de coco tailandés

Tiempo total de preparación y cocción: treinta minutos

Rinde: cuatro porciones

Información nutricional: Calorías: 419 | Proteínas: 13,6 g |
Carbohidratos: 40,3 g | Grasas: 23,9 g | Fibra: 5,6 g

Ingredientes

Para el curry:

- Una cucharada de aceite de coco
- Dos cucharadas de chalotes (picados)
- Media cucharada de jengibre (rallado)
- Dos cucharadas y media de pasta de curry rojo
- Dos latas de leche de coco
- Una cucharadita de caldo de verduras

Tres cucharadas de cada:

- Miel
- Salsa de soja
- Una cucharada y media de salsa de ají ajo

Para los rellenos:

- Cuatro onzas de fideos de arroz
- Una cucharada de aceite de coco
- Catorce onzas de tofu (firme)

Una taza de cada uno:

- Repollo rojo (en rodajas)
- Zanahoria (en rodajas)
- Guisantes

Método

1. Calienta el aceite en un wok. Agrega el jengibre y las chalotas. Cocina por tres minutos. Agrega la pasta de curry. Cocina por dos minutos. Añade el caldo, la leche de coco, la miel, la salsa de soja y la salsa de ají y ajo. Cocina a fuego lento durante cinco minutos.
2. Prepara los fideos siguiendo las instrucciones del paquete.
3. Corta el tofu en dados y sofríelos en un wok. Agrega algunas cucharaditas del curry y cocina por dos minutos. Colócalo a un lado.
4. Agrega el repollo, las zanahorias y los guisantes al wok. Cocina por tres minutos. Agrega la sopa de curry, los fideos y el tofu. Combina bien.
5. Sirve inmediatamente.

Verduras rebozadas con salsa tailandesa

Tiempo total de preparación y cocción: cuarenta y cinco minutos

Rinde: ocho porciones

Información nutricional: Calorías: 302.3 | Proteínas: 9,8 g | Carbohidratos: 20,6 g | Grasas: 16,8 g | Fibra: 1,3 g

Ingredientes

- Cinco tazas de verduras variadas de tu elección (cortadas en trozos pequeños)
- Harina (para espolvorear)
- Aceite vegetal (para freír)

Para la masa:

- Dos yemas de huevo
- Media taza de agua
- Doscientos gramos de harina
- Una cucharadita de sal

Para la salsa tailandesa:

Una cucharada de cada uno:

- Tallos de cilantro (picados)
- Aceite
- Salsa de pescado
- Dos cucharaditas de ajo (picado)
- Tres chiles rojos (picados)
- Una cucharadita de jengibre (picado)
- Cuatro cucharaditas de azúcar
- Tres cucharadas de salsa de soja
- Un limón (en jugo)

Método

1. Mezcla la harina, las yemas de huevo, la sal y el agua. Combina bien para hacer una masa suave.
2. Usa harina para espolvorear las verduras. Sumerge las verduras en la masa.
3. Calienta aceite en un wok y fríe las verduras.
4. Calienta un poco de aceite en otro wok y agrega los chiles, el jengibre y la salsa de pescado. Sofríe los ingredientes durante dos minutos. Agrega azúcar, cilantro, jugo de limón y salsa de soja.
5. Sirve las verduras rebozadas con salsa tailandesa al lado. También puedes rociar un poco de salsa por encima.

Brochetas de verduras a la parrilla picantes al estilo tailandés

Tiempo total de preparación y cocción: una hora y treinta minutos

Rinde: seis porciones

Información nutricional: Calorías: 211.3 | Proteínas: 5,6 g | Carbohidratos: 21,2 g | Grasas: 13,6 g | Fibra: 7,9 g

Ingredientes

- Dos tazas de hojas de cilantro
- Ocho dientes de ajo (pelados)
- Dos cucharadas de salsa de pescado

Una cucharada de cada uno:

- Salsa de ají y ajo
- Agua
- Una cucharadita de pimienta negra (molida)
- Un tercio de taza de aceite vegetal
- Dos libras de verduras (cortadas en trozos pequeños; cualquier tipo de combinación de pimientos, champiñones, calabacín, calabaza de verano y cebollín)

Método

1. Agrega el ajo, el cilantro, el agua, la salsa de pescado, la pimienta y la salsa de chile y ajo en una licuadora. Pulse para hacer una pasta fina.
2. Añade la marinada a las verduras y combínalas. Refrigera por una hora.
3. Ensarta las verduras en las brochetas.
4. Calienta una sartén. Engrasa la sartén con un poco de aceite.
5. Asa las brochetas de verduras durante quince minutos.
6. Sirve caliente.

Curry rojo en una olla

Tiempo total de preparación y cocción: treinta minutos

Rinde: cuatro porciones

Información nutricional: Calorías: 329.3 | Proteínas: 5,7 g | Carbohidratos: 24,7 g | Grasas: 25,3 g | Fibra: 5,3 g

Ingredientes

Dos cucharadas de cada uno:

- Aceite de oliva
- Tamari
- Una cebolla (picada)

- Media cucharadita de sal
- Cuatro dientes de ajo (picados)
- Dos cucharadas y media de galanga (rallada)
- Dos zanahorias (picadas)
- Cuatro onzas de pasta de curry rojo
- Una taza de leche de coco
- Dos tazas de agua
- Una papa rojiza (cortada en cubos de una pulgada)
Una taza y media de cada uno:

- Floretes de coliflor
- Floretes de brócoli
- Media cucharada de azúcar de coco
- Un tercio de cucharada de jugo de lima

Método

1. Calienta el aceite en una olla grande. Agrega el ajo, la cebolla y el jengibre. Cocina por dos minutos. Agrega las zanahorias y cocina por cinco minutos.
2. Añade leche de coco, pasta de curry, brócoli, papa y coliflor. Cocinala mezcla a fuego lento durante siete minutos.
3. Agrega azúcar de coco, tamari y jugo de limón.
4. Sirve inmediatamente con arroz.

Sopa de verduras tailandesa

Tiempo total de preparación y cocción: treinta minutos

Rinde: cuatro porciones

Información nutricional: Calorías: 89.4 | Proteínas: 7,2 g | Carbohidratos: 2,9 g | Grasas: 4,7 g | Fibra: 5,1 g

Ingredientes

Media cucharadita de cada uno:

- Semillas de cilantro
- Hojuelas de pimiento rojo (triturado)
- Una cebolla amarilla (cortada en cubitos)

- Dos dientes de ajo (picados)
- Una cucharada de jengibre (picado)
- Dos cucharadas de limoncillo (picado)
- Tres chiles tailandeses (picados)

Una taza de cada uno:

- Pimiento rojo (cortado en cubitos)
- Zanahorias (en cubitos)
- Leche
- Media taza de caldo de verduras
- Cuatro tazas de granos de elote

Dos tazas de cada uno:

- Setas de cardo
- Agua de coco
- Una cucharadita de tamari

Un cuarto de taza de cada uno:

- Jugo de lima
- Hojas de cilantro

Método

1. Toma una olla grande y agrega semillas de cilantro, ajo, cebolla, limoncillo, jengibre y chiles. Cocina por tres minutos. Agrega el pimiento, las zanahorias y el caldo de verduras. Cocina por cinco minutos.
2. Agrega los granos de maíz, las hojuelas de pimiento rojo, la leche y el agua de coco. Hierve la mezcla y cocina a fuego lento durante diez minutos.
3. Saltea los champiñones con tamari en una sartén durante dos minutos.
4. Usa una batidora de mano para mezclar la mezcla. Mezcla hasta que esté suave.
5. Agrega los champiñones y revuelve. Cocina por dos minutos.
6. Sirve con jugo de limón y cilantro por encima.

Pad Pak Boong (Gloria de la mañana salteada)

Tiempo total de preparación y cocción: quince minutos

Rinde: cuatro porciones

Información nutricional: Calorías: 81 | Proteínas: 3,3 g | Carbohidratos: 8,7 g | Grasas: 4,7 g | Fibra: 1,8 g

Ingredientes

- Un manojo de gloria de la mañana (cortado en trozos de diez centímetros)
- Cuatro chiles picantes
- Tres dientes de ajo (picados)

Media cucharada de cada uno:

- Haba de soja amarilla (pasta)
- Salsa de soja
- Salsa de ostras
- Una cucharada de aceite vegetal

Método

1. Agrega la gloria de la mañana en un bol junto con los demás ingredientes. No pongas el aceite.
2. Calienta el aceite en un wok y agregar la mezcla de campanilla.
3. Mezcla los ingredientes durante dos minutos.
4. Sirve caliente.

Pad Phuk Tong

Tiempo total de preparación y cocción: quince minutos

Rinde: cuatro porciones

Información nutricional: Calorías: 208 | Proteínas: 6,1 g | Carbohidratos: 16,7 g | Grasas: 18,9 g | Fibra: 3,2 g

Ingredientes

- Dos tazas de cubitos de calabaza (al vapor)
- Una cucharada de ajo (picado)
- Un puñado de albahaca
- Dos cucharadas de aceite de cocina

Media cucharadita de cada uno:

- Salsa de pescado
- Polvo de caldo de cerdo
- Dos cucharaditas de salsa de ostras
- Una cucharadita de azúcar
- Tres cucharadas de agua

Método

1. Calienta dos cucharadas de aceite en un wok grande. Agrega el ajo y cocine por treinta segundos.
2. Añade la calabaza y revuelve.
3. Incorpora los ingredientes restantes. Mezcla bien. Cocina por dos minutos.
4. Sirve caliente.

Curry verde de berenjena

Tiempo total de preparación y cocción: treinta minutos

Rinde: cuatro porciones

Información nutricional: Calorías: 382.1 | Proteínas: 12,6 g | Carbohidratos: 46,3 g | Grasas: 17,2 g | Fibra: 5,7 g

Ingredientes

- Dos berenjenas (cortadas en trozos pequeños)
- Media taza de aceite vegetal
- Un pimiento rojo (cortado en palitos)
- Uno puede brotes de bambú
- Media taza de leche de coco

- Un tallo de limoncillo (cortado en tres trozos)
- Tres hojas de lima
- Una cucharada de salsa de pescado
- Media cucharada de azúcar morena
- Un cuarto de taza de albahaca
- Tres chiles
- Pasta de curry verde

Método

1. Agrega aceite en un wok y caliéntalo. Añade las berenjenas y cocina por cuatro minutos.
2. Calienta otro wok y agrega aceite. Agrega la pasta de curry junto con la leche de coco. Cocina a fuego lento durante treinta minutos.
3. Agrega hojas de lima, limoncillo, azúcar morena y salsa de pescado. Hierve la mezcla.
4. Agrega los brotes de bambú, el pimiento morrón y la berenjena cocida. Cocina por cinco minutos.
5. Sirve con albahaca por encima.

Capítulo 2: Recetas de mariscos

Los mariscos son una parte integral de la cocina tailandesa. Hay varias recetas tailandesas sencillas pero sabrosas que se pueden preparar con mariscos. Echemos un vistazo.

Pasteles de pescado tailandeses

Tiempo total de preparación y cocción: una hora

Rinde: ocho porciones

Información nutricional: Calorías: 164.1 | Proteínas: 12,6 g | Carbohidratos: 10,9 g | Grasas: 6,8 g | Fibra: 1,7 g

Ingredientes

- Una libra de pescado blanco
- Media taza de harina

Dos cucharadas de cada uno:

- Salsa de chile dulce
- Salsa de ostras

Una cucharadita de cada uno:

- Azúcar morena
- Salsa de pescado
- Un cuarto de taza de cilantro
- Cuatro cebolletas
- Un huevo
- Una taza de aceite (para freír)

Método

1. Mezcla media taza de harina, pescado, salsa de pescado, salsa de chile dulce, salsa de ostras, cilantro, cebolleta, junto con el huevo en una licuadora. Sigue batiendo hasta que los ingredientes se combinen correctamente. Conserva en el frigorífico durante treinta minutos.

2. Forma hamburguesas con la mezcla de pescado. Espolvoréalas con un poco de harina.

3. Calienta el aceite en una sartén pesada. Empieza a freír los pasteles de pescado. Fríe durante ocho minutos y dales la vuelta una vez en la mitad.

4. Sirve caliente.

Camarones al ajillo y pimienta picante

Tiempo total de preparación y cocción: treinta y cinco minutos

Rinde: dos porciones

Información nutricional: Calorías: 390.3 | Proteínas: 12,1 g | Carbohidratos: 11,5 g | Grasas: 33,6 g | Fibra: 3,6 g

Ingredientes

- Tres cucharadas de aceite
- Un cuarto de taza de agua
- Una taza de repollo
- Una cucharada de ajo (picado)
- Ocho camarones

Dos cucharaditas de cada uno:

- Cebolla (picada)
- Pimiento rojo
- Una cucharada y media de cilantro
- Un tercio de cucharada de salsa de soja

Método

1. Toma una sartén pesada y calienta una cucharada de aceite en ella.
2. Pica la col y agrégala a la sartén. Añade una cucharada de agua. Sofríe el repollo durante treinta segundos. Colócalo a un lado.
3. Calienta el aceite sobrante en la sartén. Agrega los camarones junto con el ajo. Sofríe durante dos minutos. Agrega la cebolla, el pimiento rojo, la salsa de soja, el cilantro y el agua sobrante. Cocina por veinte segundos.
4. Coloca el repollo cocido en un plato para servir.
5. Cubre con los camarones cocidos. Sirve caliente.

Arroz de cangrejo estilo tailandés

Tiempo total de preparación y cocción: cincuenta y cinco minutos

Rinde: cuatro porciones

Información nutricional: Calorías: 301.3 | Proteínas: 9,3 g | Carbohidratos: 35,2 g | Grasas: 10,7 g | Fibra: 2,9 g

Ingredientes

- Media taza de arroz
- Dos tazas de agua
- Tres cucharadas de aceite
- Dos cebollas (picadas)
- Tres dientes de ajo (picados)
- Media cucharada de azúcar

- Dos cucharaditas de sal
- Un huevo grande
- Un cuarto de libra de cangrejo (cocido)
- Tres cebolletas (picadas)
- Una cucharada de cilantro
- Un pepino mediano (en rodajas)
- Una lima

Método

1. Empieza por hervir el arroz en agua en una olla grande. Cocina a fuego lento durante veinte minutos.
2. Calienta el aceite en un wok de acero. Agrega el ajo junto con las cebolletas. Sofríe durante dos minutos.
3. Agrega azúcar, arroz y sal. Cocina por cinco minutos. Mezcla bien. Agrega el huevo por la mitad para combinarlo con el arroz.
4. Añade la carne de cangrejo, las cebolletas y el cilantro. Mezcla para combinar. Cocina por cinco minutos.
5. Decora el arroz frito con rodajas de limón y pepino.

Hamburguesa de camarones al estilo tailandés

Tiempo total de preparación y cocción: treinta y cinco minutos

Rinde: cuatro porciones

Información nutricional: Calorías: 468.8 | Proteínas: 41,3 g | Carbohidratos: 30,1 g | Grasas: 18,6 g | Fibra: 3,9 g

Ingredientes

- Dos libras de camarones
- Dos dientes de ajo
- Dos cucharadas de raíz de jengibre (picada)
- Un pimiento jalapeño
- Seis cucharadas de cilantro

- Tres cebolletas
- Media taza de salsa de maní
- Un cuarto de taza de pan rallado
- Media cucharadita de sal

Dos cucharadas de cada uno:

- Aceite
- Jugo de lima
- Dos tazas de mezcla de ensalada de col
- Cuatro pan de pita

Método

1. Agrega los camarones en un procesador de alimentos y pulsa. Pulsa hasta que los camarones estén bien picados. Transfiere los camarones picados a un tazón.

2. Agrega jengibre, ajo, cebolletas, cilantro, un cuarto de taza de mantequilla de maní, sal y pan rallado. Combina los ingredientes con un tenedor.

3. Divide la mezcla en cuatro porciones. Usatu mano para aplanar las empanadas de camarones.

4. Toma un tazón y mezcla el jugo de limón, la mantequilla de maní y el aceite. Mezcla la ensalada de col con el aderezo preparado.

5. Coge una sartén. Rocía con un poco de aceite. Agrega las empanadas de camarones y cocina durante cuatro minutos por cada lado.

6. Asa el pan de pita. Divídelos transversalmente.

7. Agrega las empanadas en las mitades de pan. Cubre con ensalada de col. Añade las otras mitades del pan y sirve.

Rollos de albahaca tailandesa con maní y salsa hoisin

Tiempo total de preparación y cocción: cincuenta minutos

Rinde: doce porciones

Información nutricional: Calorías: 193.2 | Proteínas: 9,1 g | Carbohidratos: 27,2 g | Grasas: 4,1 g | Fibra: 1,9 g

Ingredientes

Para los rollos:

- Media libra de camarones
- Una libra de cerdo

- Ocho onzas de fideos de arroz
- Doce envoltorios de arroz
- Un manojo de albahaca
- Una taza de cilantro
- Media taza de hojas de menta
- Dos tazas de brotes de soja

Para la salsa:

- Una taza de salsa hoisin
- Una cucharada de mantequilla de maní
- Una cucharada y media de agua
- Un cuarto de taza de maní (tostado, picado)

Método

1. Hierve agua en una olla grande con un poco de sal. Agrega las gambas y cocina por tres minutos. Escurre el agua y seca los camarones. Corta los camarones por la mitad.
2. Hierve de nuevo un poco de agua en una olla con un poco de sal. Agrega la carne de cerdo y deja hervir durante diez minutos. Escurre el agua y corta el cerdo en tiras muy finas.
3. Cuece los fideos en agua hirviendo durante ocho minutos. Escurre el agua y reserva.
4. Llena un recipiente con agua tibia. Sumerge los envoltorios en agua tibia. Deja remojando durante treinta segundos.

5. Coloca las envolturas planas sobre una superficie de trabajo. Agrega dos hojas de albahaca en el centro. Añade cuatro mitades de camarones en las hojas de albahaca junto con una pequeña cantidad de carne de cerdo.

6. Incorporalos fideos y espolvorea menta, cilantro y brotes de soja. Enrolla las envolturas de un lado y mete las aberturas para hacer un rollo apretado. Repite con las envolturas restantes.

7. Mezcla la mantequilla de maní, el agua y la salsa hoisin en una cacerola. Hierve durante dos minutos y reserva.

8. Sirve los envoltorios con salsa para mojar a un lado y decora con maní picado.

Mejillones al vapor

Tiempo total de preparación y cocción: treinta minutos

Rinde: seis porciones

Información nutricional: Calorías: 480.1 | Proteínas: 46,9 g | Carbohidratos: 20,4 g | Grasas: 23,4 g | Fibra: 1,9 g

Ingredientes

- Cinco libras de mejillones
- Un tercio de taza de jugo de lima
- Una lata de leche de coco
- Media taza de vino blanco
- Una cucharada y media de pasta de curry rojo

- Dos cucharadas de ajo (picado)
- Una cucharada de salsa de pescado
- Media cucharada de azúcar
- Dos tazas de cilantro (picado)

Método

1. Combina la leche de coco, el jugo de limón, la pasta de curry, el vino blanco, la salsa de pescado, el azúcar y el ajo en una olla. Hierve a fuego alto y revuelve para disolver el azúcar. Hierve la mezcla durante dos minutos.
2. Agrega los mejillones y cocina por ocho minutos hasta que los mejillones se abran.
3. Retira la olla del fuego y retire los mejillones sin abrir.
4. Sirve los mejillones junto con el líquido en una fuente para servir. Adorna con cilantro.

Tilapia tailandesa

Tiempo total de preparación y cocción: treinta y cinco minutos

Rinde: cuatro porciones

Información nutricional: Calorías: 180.4 | Proteínas: 23,2 g | Carbohidratos: 2,9 g | Grasas: 7,6 g | Fibra: 0,9 g

Ingredientes

- Media taza de leche de coco
- Seis almendras
- Dos cucharadas de cebolla (picada)
- Una cucharadita de jengibre (rallado)
- Media cucharadita de cúrcuma (molida)

- Una cucharadita y media de limoncillo
- Un cuarto de cucharadita de sal
- Cuatro filetes de tilapia
- Una pizca de sal
- Media cucharadita de hojuelas de pimiento rojo

Método

1. Agrega las almendras, la leche de coco, la cebolla, la cúrcuma, el jengibre, la sal y la hierba de limón en un procesador de alimentos. Mezcla hasta que esté suave.
2. Calienta un poco de aceite en una sartén de hierro.
3. Sazona los filetes de tilapia con pimienta y sal por todos lados. Agrega los filetes en la sartén con la piel hacia arriba.
4. Añade la salsa preparada sobre los filetes de pescado. Unta uniformemente los filetes de pescado con la ayuda de una espátula. Agrega hojuelas de pimiento rojo.
5. Cocina a fuego lento el pescado durante quince minutos tapando la sartén.
6. Sirve caliente.

Camarones tailandeses

Tiempo total de preparación y cocción: treinta minutos

Rinde: cuatro porciones

Información nutricional: Calorías: 287.3 | Proteínas: 19,5 g | Carbohidratos: 8,1 g| Grasas: 19,4 g | Fibra: 2,6 g

Ingredientes

- Cuatro dientes de ajo
- Una pulgada de raíz de galanga
- Un pimiento jalapeño
- Media cucharadita de sal
- Una cucharadita de cúrcuma
- Dos cucharadas de aceite

- Una cebolla (picada)
- Una libra de camarones
- Dos tomates (picados)
- Una taza de leche de coco
- Tres cucharadas de hojas de albahaca (picadas)

Método

1. Mezcla galanga, ajo, cúrcuma, jalapeño y sal en una licuadora. Procesa los ingredientes para hacer una pasta fina. Colócalo a un lado.
2. Calienta el aceite en una sartén grande. Agrega las cebollas. Cocina por dos minutos. Añade la pasta de especias preparada. Cocina por dos minutos.
3. Agrega los camarones. Cocina por tres minutos. Añade la leche de coco junto con los tomates. Cubre la sartén y cocina a fuego lento la mezcla durante cinco minutos.
4. Quita la tapa. Cocina por cinco minutos más.
5. Agrega la albahaca picada.
6. Sirve caliente.

Pad Thai de camarones

Tiempo total de preparación y cocción: una hora

Rinde: cuatro porciones

Información nutricional: Calorías: 539.4 | Proteínas: 21,3 g | Carbohidratos: 67,8 g| Grasas: 21,2 g | Fibra: 6,7 g

Ingredientes

- Ocho onzas de fideos de arroz
- Dos cucharaditas de aceite
- Una cebolla (picada)
- Una cucharadita de ajo (picado)
- Doce camarones

Una cucharada de cada uno:

- Salsa de tomate
- Salsa de pescado
- Azúcar
- Jugo de limón
- Vinagre de vino blanco
- Dos huevos grandes
- Un cuarto de libra de brotes de soja
- Media taza de maní (tostado)
- Un limón
- Un tercio de taza de cilantro

Método

1. Remoja los fideos durante quince minutos en agua fría. Escurre los fideos y cúbrelos con agua caliente durante quince minutos. Escurre el agua y reserva.
2. Coge un wok de acero y calienta un poco de aceite. Agrega el ajo y la cebolla. Cocina por cinco minutos. Agrega los camarones. Cocina por cinco minutos. Añade salsa de pescado, salsa de tomate, jugo de limón, azúcar y vinagre. Agrega los huevos. Cocina por dos minutos.
3. Incorpora los fideos remojados y mezcla. Agrega maní y brotes de soja.
4. Sirve caliente.

Curry rojo de camarones

Tiempo total de preparación y cocción: cuarenta minutos

Rinde: cuatro porciones

Información nutricional: Calorías: 429.9 | Proteínas: 14,5 g | Carbohidratos: 7,8 g | Grasas: 44,8 g | Fibra: 2,8 g

Ingredientes

- Dos latas de leche de coco
- Dos cucharadas de pasta de curry rojo
- Una cucharada de salsa de pescado
- Un pimiento picante (picado)

- Veinticuatro camarones

Método

1. Toma un wok grande y mezcla pasta de curry, leche de coco, pimiento picado y salsa de pescado. Cocina la mezcla a fuego lento durante diez minutos.
2. Agrega las gambas y cocina por quince minutos.
3. Sirve caliente con arroz.

Curry tailandés de rape

Tiempo total de preparación y cocción: una hora

Rinde: tres porciones

Información nutricional: Calorías: 410.3 | Proteínas: 21,3 g |
Carbohidratos: 10,6 g | Grasas: 35,1 g | Fibra: 3,7 g

Ingredientes

- Una cucharada de aceite de maní
- Media cebolla (picada)
- Un pimiento rojo (picado)
- Tres cucharadas de pasta de curry
- Una lata de leche de coco
- Doce onzas de rape
- Una cucharada de salsa de pescado

Dos cucharadas de cada uno:

- Jugo de lima
- Cilantro (picado)

Método

1. Calienta el aceite de maní en una sartén grande. Agrega las cebollas y cocina por cinco minutos.
2. Incorpora el pimiento rojo. Cocina por cinco minutos.
3. Añade la pasta de curry y mezcla bien. Agrega la leche de coco y revuelve.
4. Cocina a fuego lento la mezcla durante dos minutos.
5. Agrega los cubos de rape y cocina a fuego lento el curry durante diez minutos. Agrega el jugo de limón y la salsa de pescado. Cocina por dos minutos.
6. Sirve caliente con arroz.

Langostinos a la plancha y vinagreta picante de lima y maní

Tiempo total de preparación y cocción: una hora y veinte minutos

Rinde: ocho porciones

Información nutricional: Calorías: 530.9 | Proteínas: 28,9 g | Carbohidratos: 14,6 g | Grasas: 30,7 g | Fibra: 2,2 g

Ingredientes

Un cuarto de taza de cada uno:

- Hierba de limón
- Raíz de galanga (picada)
- Jugo de lima
- Salsa mirin
- Vinagre
- Dos cucharadas de ajo (picado)
- Un cuarto de cucharada de cilantro
- Un chile verde (picado)
- Tres cuartos de taza de aceite de maní
- Dos libras de camarones
- Tres cucharadas de ralladura de lima
- Dos cucharaditas de salsa de pescado
- Dos chiles verdes tailandeses (picados)
- Dos cucharaditas y media de ajo (picado)
- Media taza de mantequilla de maní
- Un tercio de taza de aceite de maní
- Una cucharada de cilantro (picado)
- Tres cuartos de taza de maní (tostado)
- Una pizca de sal

Método

1. Combina la mitad del jengibre, la hierba de limón, el cilantro, el ajo, el aceite y un chile picado. Agrega los camarones y revuelve para cubrir. Marina las gambas durante treinta minutos.

2. Calienta una sartén.

3. Añade jugo de limón, mirin, vinagre, salsa de soja y agua en un procesador de alimentos. Agrega una cucharada de jengibre, dos chiles, salsa de pescado, ralladura de limón, mantequilla de maní y ajo. Licúa los ingredientes hasta que quede suave. Incorpora lentamente aceite de maní mientras licúas. Agrega el cilantro y el maní picado. Colócalo a un lado.

4. Asa los camarones marinados durante dos minutos por cada lado.

5. Sirve los camarones a la plancha con vinagreta al lado.

Pata de cangrejo al vapor con hierba de limón

Tiempo total de preparación y cocción: treinta minutos

Rinde: dos porciones

Información nutricional: Calorías: 580.6 | Proteínas: 87,3 g | Carbohidratos: 5,1 g | Grasas: 19,2 g | Fibra: 0,6 g

Ingredientes

- Dos cucharadas de aceite
- Tres dientes de ajo (picados)
- Una pulgada de galanga
- Un tallo de limoncillo
- Dos cucharadas y media de salsa de pescado

- Una cucharada de salsa de ostras
- Una pizca de sal
- Dos libras de patas de cangrejo (cocidas)

Método

1. Toma una olla grande y caliéntala a fuego medio. Agrega el aceite.
2. Añade jengibre, ajo y limoncillo al aceite. Cocina por dos minutos. Incorpora la salsa de ostras, la salsa de pescado, la pimienta y la sal.
3. Agrega las patas de cangrejo y cocina por quince minutos. Revuelve bien.
4. Sirve caliente.

Mahi Mahi a la parrilla con salsa de coco tailandesa

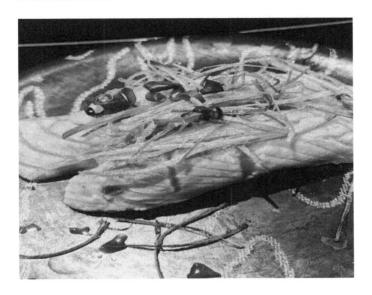

Tiempo total de preparación y cocción: treinta minutos

Rinde: dos porciones

Información nutricional: Calorías: 490.2 | Proteínas: 31,6 g | Carbohidratos: 8,6 g | Grasas: 32,6 g | Fibra: 2,8 g

Ingredientes

- Dos tazas de leche de coco
- Dos cucharadas de cilantro (picado)
- Tres cucharadas de cebolletas (picadas)
- Dos cucharadas y media de jugo de lima
- Cuatro cucharaditas de jengibre (rallado)

- Dos dientes de ajo (picados)
- Una cucharadita de salsa de pescado
- Dos filetes de mahi-mahi

Método

1. Calienta la sartén.
2. Agrega el cilantro, la leche de coco, las cebolletas, el ajo, el jugo de lima, el jengibre y la salsa de pescado en una cacerola mediana. Hierve la mezcla.
3. Unta los filetes de mahi-mahi con la salsa preparada. Hierve la salsa restante hasta que espese.
4. Agrega los filetes de mahi-mahi a la parrilla. Cocina durante siete minutos por cada lado.
5. Sirve los filetes de pescado a la plancha con salsa por encima.

Langostinos fritos tailandeses con pimiento blanco y ajo

Tiempo total de preparación y cocción: diez minutos

Rinde: cuatro porciones

Información nutricional: Calorías: 370.2 | Proteínas: 20,6 g | Carbohidratos: 17,6 g | Grasas: 26,9 g | Fibra: 1,6 g

Ingredientes

- Ocho dientes de ajo (picados)
- Dos cucharadas de harina
- Tres cucharadas de salsa de pescado
- Dos cucharadas y media de salsa de soja

- Una cucharada de azúcar
- Media cucharadita de pimienta blanca
- Un cuarto de taza de aceite
- Una libra de camarones

Método

1. Mezcla el ajo, la harina, la salsa de soja, la salsa de pescado, la pimienta blanca y el azúcar en un tazón grande. Agrega las gambas para rebozar.
2. Calienta el aceite en la sartén. Agrega las gambas. Cocina por dos minutos.
3. Sirve caliente.

Curry tailandés de almejas y camarones

Tiempo total de preparación y cocción: cuarenta y cinco minutos

Rinde: cuatro porciones

Información nutricional: Calorías: 320.6 | Proteínas: 11,6 g | Carbohidratos: 12,5 g | Grasas: 27,3 g | Fibra: 3,2 g

Ingredientes

- Dos cucharadas de aceite
- Una cebolla (picada)
- Un pimiento rojo
- Una cucharada de jengibre (picado)
- Dos dientes de ajo (picados)
- Una cucharadita de pasta de chile
- Una lata de leche de coco
- Cuatro almejas grandes
- Un cuarto de taza de caldo de pollo

Una cucharadita de cada uno:

- Azúcar morena
- Salsa de pescado
- Tres cucharadas de albahaca
- Doce camarones

- Una lima

Método

1. Calienta el aceite en una sartén grande. Agrega el pimiento rojo y la cebolla. Cocina por cuatro minutos. Agrega el ajo y el jengibre. Cocina por dos minutos.
2. Añade la pasta de chile junto con la leche de coco. Revuelve bien.
3. Agrega las almejas. Cocina por cinco minutos. Incorpora un poco de ralladura de lima y mezcla. Agrega un poco de jugo de limón.
4. Añade los camarones y la albahaca. Cocina por diez minutos. Agrega caldo de pollo para ajustar la consistencia.
5. Retira las almejas.
6. Sirve el curry con albahaca y ralladura de lima.

Tilapia entera frita con chiles y albahaca

Tiempo total de preparación y cocción: treinta y cinco minutos

Rinde: cuatro porciones

Información nutricional: Calorías: 330.3 | Proteínas: 14,6 g | Carbohidratos: 9,6 g | Grasas: 31,3 g | Fibra: 1,6 g

Ingredientes

- Un pez tilapia entero
- Aceite para freír
- Cinco chiles rojos
- Seis dientes de ajo (picados)
- Una cebolla (picada)

Dos cucharadas de cada uno:

- Salsa de soja
- Salsa de pescado

Un cuarto de taza de cada uno:

- Cilantro (picado)
- Albahaca (picada)

Método

1. Calienta el aceite en una sartén grande.
2. Limpia el pescado y hazle varios cortes con un cuchillo afilado.
3. Agrega el pescado al aceite. Fríe durante diez minutos. Retira del aceite. Escurre el exceso de aceite.
4. Calienta un poco de aceite en una sartén y agrega el ajo, la cebolla y los chiles. Cocina por siete minutos.
5. Agrega la salsa de soja y la salsa de pescado. Añade el cilantro y la albahaca. Mezcla bien.
6. Sirve el pescado en un plato y vierte la salsa preparada por todo el pescado.

Capítulo 3: Recetas de ensalada y soupa

Las sopas y ensaladas tailandesas están cargadas de un toque de sabor que puede hacer que tu experiencia culinaria sea aún más interesante. Los ingredientes utilizados son muy sencillos. Sin embargo, los sabores son extraordinarios. En este capítulo, encontrarás varias recetas de ensaladas y sopas tailandesas que se pueden preparar en poco tiempo.

Sopa Tom Yum Koong

Tiempo total de preparación y cocción: una hora y diez minutos

Rinde: cinco porciones

Información nutricional: Calorías: 94,3 | Proteínas: 12,6 g | Carbohidratos: 11,3 g | Grasas: 1,4 g | Fibra: 2,6 g

Ingredientes

- Media libra de camarones
- Doce hongos
- Una lata de champiñones enlatados
- Cuatro tazas de agua
- Dos limoncillos
- Cuatro hojas de lima kaffir
- Cuatro rodajas de galanga
- Chile de cuatro ojos de pájaro
- Dos cucharadas de salsa de soja
- Una lima

Una cucharadita de cada uno:

- Azúcar
- Pasta de chile
- Una cucharada de pasta de sopa tom yum

Método

1. Empieza podando la hierba de limón. Córtala en trozos de fósforo.

2. Para hacer el caldo, agrega las cáscaras y cabezas de los camarones al agua. Cocínalos durante veinte minutos. Apaga el fuego. Deja las cáscaras y las cabezas en remojo durante veinte minutos. Desecha las cabezas y las conchas.

3. Agrega limoncillo, caldo, galanga, hojas de lima kaffir, pasta de chile, jugo de lima, salsa de pescado, chile y azúcar en una olla. Hierve la mezcla. Después de hervir la mezcla durante cinco minutos, añade los champiñones y los camarones.

4. Cocina la sopa durante diez minutos.

5. Sirve la sopa caliente y decora con hojas de cilantro.

Sopa agria y picante estilo tailandés

Tiempo total de preparación y cocción: veinticinco minutos

Rinde: seis porciones

Información nutricional: Calorías: 71.6 | Proteínas: 9,3 g |
Carbohidratos: 4,6 g | Grasas: 1,7 g | Fibra: 0,9 g

Ingredientes

- Tres tazas de caldo de pollo
- Una cucharada de pasta de sopa tom yum

3. Machaca los tallos de limoncillo y agrégalos a la sartén. Incorpora la mitad de las hojas de lima kaffir. Hierve la mezcla y cocina a fuego lento durante cinco minutos.

4. Cuela el caldo preparado y retira los sólidos.

5. Hierve de nuevo el caldo con las gambas y las setas.

6. Agrega el jugo de lima, la salsa de pescado, las cebolletas, los chiles rojos, el cilantro y las hojas de lima.

7. Prueba la sopa y ajusta los condimentos. La sopa debe ser picante, salada, ácida y caliente.

8. Sirve la sopa con guarnición de cebolleta.

Sopa picante de verduras

Tiempo total de preparación y cocción: una hora y treinta minutos

Rinde: doce porciones

Información nutricional: Calorías: 180.3 | Proteínas: 4,3 g | Carbohidratos: 20,3 g | Grasas: 6,5 g | Fibra: 3,1 g

Ingredientes

- Una taza de arroz integral
- Dos tazas de agua
- Tres cucharadas de aceite de oliva
- Una cebolla
- Cuatro dientes de ajo (picados)

- Un cuarto de taza de raíz de jengibre (rallada)
- Una taza de zanahoria (en cubos)
- Cuatro tazas de brócoli (floretes)
- Un pimiento rojo (en cubos)
- Una lata de leche de coco
- Seis tazas de caldo de verduras
- Una taza y media de vino blanco
- Dos cucharadas de salsa de soja
- Tres chiles verdes (picados)
- Dos cucharadas y media de limoncillo (picado)
- Un tercio de cucharada de salsa de ajo y pimienta
- Una cucharadita de azafrán
- Tres cuartos de taza de yogur
- Un manojo de cilantro (picado)

Método

1. Hierve el arroz integral con un poco de agua en una olla grande. Cocina a fuego lento durante cuarenta minutos.
2. Calienta el aceite de oliva en una olla. Agrega ajo, cebolla, jengibre y zanahorias. Cocina por cinco minutos.
3. Añade pimiento rojo, brócoli, caldo, leche de coco, salsa de pescado, vino blanco, chiles, salsa de soja, salsa de ajo, hierba de limón y azafrán. Mezcla bien. Cocinala mezcla a fuego lento durante veinticinco minutos.
4. Vierte la sopa en un procesador de alimentos en lotes y mezcla hasta que quede cremosa y suave.
5. Regresa la sopa mezclada a la olla. Agrega el arroz cocido. Agrega el yogur y mezcla bien.
6. Adorna con cilantro. Sirve caliente.

Tom Ka Gai (sopa de pollo con coco)

Tiempo total de preparación y cocción: una hora

Rinde: cuatro porciones

Información nutricional: Calorías: 248.6 | Proteínas: 15,3 g | Carbohidratos: 9,1 g | Grasas: 14,6 g | Fibra: 2,8 g

Ingredientes

- Dos cucharaditas de aceite
- Dos dientes de ajo (picados)
- Dos cucharadas de raíz de jengibre (rallada)
- Un cuarto de taza de limoncillo (picado)

- Dos cucharaditas y media de hojuelas de pimiento rojo (seco)

Una cucharadita de cada uno:

- Comino (molido)
- Semilla de cilantro (molida)
- Una pechuga de pollo (cortada en tiras)
- Una cebolla (picada)
- Dos tazas de bok choy
- Cuatro tazas de agua
- Una lata de leche de coco
- Un tercio de taza de salsa de pescado
- Tres cuartos de taza de cilantro (picado)

Método

1. Calienta el aceite en una cacerola grande. Agrega jengibre, ajo, hojuelas de pimiento rojo, limoncillo, comino y cilantro. Cocina por dos minutos hasta que esté fragante.
2. Agrega los trozos de pollo junto con la cebolla. Cocina por cinco minutos.
3. Añade el bok choy y cocina por diez minutos.
4. Incorpora la leche de coco, el agua, el cilantro y la salsa de pescado. Cocina a fuego lento durante treinta minutos.
5. Sirve caliente.

Sopa tailandesa de jengibre

Tiempo total de preparación y cocción: veinticinco

Rinde: cuatro porciones

Información nutricional: Calorías: 413.2 | Proteínas: 13,4 g | Carbohidratos: 7,1 g | Grasas: 37,8 g | Fibra: 2,9 g

Ingredientes

- Tres tazas de leche de coco
- Dos tazas de agua
- Media libra de pechuga de pollo (cortada en tiras)
- Tres cucharadas de raíz de galanga (picada)
- Dos cucharadas de salsa de pescado
- Un cuarto de taza de jugo de lima
- Dos cucharadas y media de cebolletas (picadas)
- Una cucharada de cilantro (picado)

Método

1. Agrega el agua y la leche de coco en una cacerola grande. Hierve la mezcla.
2. Añade las tiras de pollo y cocina a fuego lento durante tres minutos.
3. Incorpora salsa de pescado, galanga y jugo de lima. Agrega el cilantro y las cebolletas.
4. Sirve caliente.

Sopa de calabaza al estilo tailandés

Tiempo total de preparación y cocción: veinticinco minutos

Rinde: cuatro porciones

Información nutricional: Calorías: 303.4 | Proteínas: 4,5 g | Carbohidratos: 19,4 g | Grasas: 23,6 g | Fibra: 2,7 g

Ingredientes

- Una cucharada de aceite
- Una cucharada y media de mantequilla
- Un diente de ajo (picado)
- Cuatro chalotes (picados)
- Dos chiles rojos (picados)
- Una cucharada y media de limoncillo (picado)
- Tres tazas de caldo de pollo
- Cuatro tazas de calabaza (en cubos)
- Dos tazas de leche de coco
- Un manojo de hojas de albahaca (picadas)

Método

1. Toma una cacerola de tamaño mediano y agrega aceite. Incorpora la mantequilla.
2. Comienza a agregar chalotes, ajo, limoncillo y chiles.
3. Agrega la leche de coco, el caldo de pollo y los cubos de calabaza. Hierve la mezcla.
4. Usa una batidora de mano para convertir la mezcla en una sopa suave.
5. Sirve caliente con hojas de albahaca.

Sopa picante de pollo con fideos

Tiempo total de preparación y cocción: ocho horas y treinta minutos

Rinde: doce porciones

Información nutricional: Calorías: 129.8 | Proteínas: 7,4 g | Carbohidratos: 15,4 g | Grasas: 2,9 g | Fibra: 3,1 g

Ingredientes

- Cinco tazas de caldo de pollo

Una taza de cada uno:

- Vino blanco
- Agua
- Una cebolla (picada)
- Tres cebolletas (picadas)
- Tres dientes de ajo (picados)
- Cuatro zanahorias (en cubos)
- Cuatro tallos de apio (picados)
- Media cucharadita de sal
- Una cucharadita de pimienta negra (molida)
- Una cucharada de curry en polvo

  Media cucharada de cada uno:

- Salvia (tierra)

- Condimento para aves
- Orégano (molido)
- Una cucharadita y media de pimienta de cayena
- Dos cucharadas de aceite
- Tres pechugas de pollo (cortadas en tiritas)
- Un pimiento rojo (picado)
- Doce onzas de fideos de arroz

Método

1. Cocina los fideos siguiendo las instrucciones del paquete. Colócalo a un lado.
2. Calienta una olla de cocción lenta a fuego lento. Agrega vino blanco, caldo de pollo, cebolletas, cebolla, zanahorias, ajo, sal, apio, curry en polvo, pimienta negra, pimienta de cayena, condimento para aves y orégano.
3. Cuece las tiras de pollo en una sartén de hierro.
4. Añade las tiras de pollo a la olla de cocción lenta.
5. Sigue cocinando la sopa durante ocho horas a fuego lento.
6. Agrega el pimiento rojo junto con los fideos quince minutos antes de servir.
7. Sirve caliente.

Sopa tailandesa de pepino

Tiempo total de preparación y cocción: una hora y cinco minutos

Rinde: seis porciones

Información nutricional: Calorías: 113.4 | Proteínas: 2,6 g | Carbohidratos: 10,4 g | Grasas: 8,3 g | Fibra: 1,6 g

Ingredientes

- Dos cucharadas de mantequilla
- Tres cucharadas de cebolla (picada)
- Tres pepinos (en cubos)

- Un tercio de taza de vinagre de vino tinto
- Una taza de caldo de pollo
- Dos tazas de agua
- Tres chiles verdes (picados)
- Dos cucharadas y media de perejil (picado)

Una cucharada de cada uno:

- Cilantro (picado)
- Limoncillo (picado)
- Ajo (picado)
- Salsa de pescado
- Salsa de soja
- Una cucharadita de jengibre (molido)
- Una pizca de sal
- Media taza de crema agria

Método

1. Agrega la mantequilla en una sartén. Añade las cebollas y cocina por dos minutos.
2. Incorpora vinagre, pepinos, agua, caldo de pollo, chiles, limoncillo, cilantro, perejil, salsa de pescado, ajo, jengibre y salsa de soja. Cocinala mezcla a fuego lento durante veinte minutos.
3. Agrega la crema agria y cocina a fuego lento nuevamente durante diez minutos.
4. Sirve caliente.

Sopa Khao Soi

Tiempo total de preparación y cocción: una hora y quince minutos

Rinde: seis porciones

Información nutricional: Calorías: 702.3 | Proteínas: 19,3 g | Carbohidratos: 56,2 g | Grasas: 47,8 g | Fibra: 4,9 g

Ingredientes

- Seis cucharadas de aceite
- Tres chalotes (picados)
- Tres dientes de ajo (picados)
- Un cuarto de taza de pasta de curry

- Una cucharada de curry en polvo
- Cuatro tazas de leche de coco
- Dos tazas de agua
- Dos tazas y media de pechuga de pollo (cortada en tiras)
- Una cucharadita de sal

Una cucharada y media de cada uno:

- Salsa de pescado
- Azúcar
- Un tercio de cucharada de jugo de lima
- Media taza de aceite
- Doce chiles verdes (picados)
- Seis chalotas (picadas)
- Media cabeza de bok choy
- Ocho onzas de fideos de arroz
- Una taza de repollo en escabeche
- Un tercio de taza de cilantro (picado)
- Una lima

Método

1. Calienta dos cucharadas de aceite en un wok de acero. Agrega el ajo y las chalotas. Cocina por cuatro minutos. Añade la pasta de curry junto con el curry en polvo. Cocina por dos minutos. Incorpora agua, leche de coco, tiras de pollo y sal. Hierve la mezcla. Cocina a fuego lento durante diez minutos.

2. Agrega azúcar, salsa de pescado y jugo de limón. Revuelve bien.

3. Vierte el aceite restante en una sartén de hierro y añade los chiles. Cocina por cuatro minutos. Agrega los chiles a la sopa.

4. Incorpora las chalotas y el bok choy en la sartén. Cocina por cuatro minutos. Agrégalos a la sopa.

5. Remoja los fideos en agua caliente. Drena el agua. Agrega los fideos a la sartén. Fríelos durante cinco minutos.

6. Sirve la sopa en platos hondos y cubre con repollo en escabeche, rodajas de lima, cilantro y fideos fritos.

Sopa de pescado agrio (Tom Byoo)

Tiempo total de preparación y cocción: cincuenta minutos

Rinde: cuatro porciones

Información nutricional: Calorías: 170.6 | Proteínas: 17,3 g |
Carbohidratos: 12,9 g | Grasas: 5,1 g | Fibra: 0,9 g

Ingredientes

- Tres tazas de caldo de pescado
- Trozo de una pulgada de raíz de galanga (picado)
- Cinco chiles verdes (picados)

- Dos hojas de lima kaffir
- Dos tallos de limoncillo (picados)
- Diez onzas de pescado trucha
- Cinco tomates cherry (cortados a la mitad)
- Un cuarto de taza de bebida de tamarindo
- Dos cucharadas de salsa de pescado
- Un cuarto de taza de cilantro (picado)
- Dos chalotes (picados)

Método

1. Hierve el caldo de pescado en una olla grande. Agrega galanga, chiles, hojas de lima, chalotes y limoncillo. Cocina a fuego lento la mezcla durante veinte minutos.
2. Añade el pescado, jugo de tamarindo, tomates y salsa de pescado. Cocina a fuego lento durante cinco minutos.
3. Sirve la sopa caliente. Adorna con cilantro picado.

Ensalada tailandesa de solomillo

Tiempo total de preparación y cocción: treinta minutos

Rinde: cuatro porciones

Información nutricional: Calorías: 380.3 | Proteínas: 23,4 g | Carbohidratos: 26,1 g | Grasas: 19,6 g | Fibra: 6,9 g

Ingredientes

- Dieciséis onzas de solomillo
- Cinco onzas de mezcla de lechuga verde y hierbas
- Un mango maduro (en rodajas)
- Un aguacate maduro (en rodajas)
- Media taza de zanahoria (rallada)

Una taza de cada uno:

- Pimiento rojo (cortado en cubitos)
- Pimienta amarilla
- Media cucharadita de sal
- Dos cucharadas de maní (tostado)

Para el aderezo:

- Tres cucharadas de miel
- Dos cucharadas y media de mantequilla de maní
- Cuatro cucharadas de agua caliente

Una cucharada de cada uno:

- Vinagre blanco
- Salsa de soja
- Aceite de sésamo

Método

1. Asa el bistec durante quince minutos. Voltea por la mitad.
2. Bate todos los ingredientes para el aderezo en un bol. Mezcla bien.
3. Coloca la mezcla de lechuga en un plato junto con el aguacate, el mango, el pimiento morrón y la zanahoria encima de la lechuga.
4. Corta el bife en rodajas y sazona con un poco de sal. Agrega el filete sobre la ensalada.
5. Rocía el condimento preparado por encima y espolvorea los cacahuetes.
6. Sirve inmediatamente.

Ensalada de pepino al estilo tailandés

Tiempo total de preparación y cocción: cuarenta y cinco minutos

Rinde: cuatro porciones

Información nutricional: Calorías: 227.3 | Proteínas: 5,7 g | Carbohidratos: 34,3 g | Grasas: 9,2 g | Fibra: 2,9 g

Ingredientes

- Tres pepinos (cortados en rodajas de un cuarto de pulgada)
- Una cucharada de sal

Media taza de cada uno:

- Vinagre de vino de arroz
- Azúcar blanca
- Maní (picado)
- Dos chiles jalapeños (picados)
- Un cuarto de taza de cilantro (picado)

Método

1. Mezcla las rodajas de pepino en un colador con un poco de sal. Deja el colador en el fregadero para que drene toda el agua durante treinta minutos.
2. Enjuaga las rodajas de pepino con agua fría. Seca con toallas de papel.
3. Combina el vinagre y el azúcar en un bol. Añade los chiles jalapeños, rodajas de pepino y cilantro.
4. Mezcla para combinar los ingredientes.
5. Sirve espolvoreando maní picado por encima.

Ensalada tailandesa de camarones

Tiempo total de preparación y cocción: una hora y treinta minutos

Rinde: seis porciones

Información nutricional: Calorías: 210.3 | Proteínas: 23,6 g | Carbohidratos: 15,2 g | Grasas: 3,3 g | Fibra: 0,6 g

Ingredientes

- Dos tazas de agua
- Media taza de sal
- Un tercio de taza de azúcar
- Un cuarto de taza de salsa de soja

- Dos libras de camarones gigantes (desvenados, pelados)
- Dos cucharadas de jugo de limón
- Una cucharada de aceite de sésamo
- Media cucharadita de pimienta de cayena
- Una cucharada y media de ajo (picado)
- Una taza de pimientos (en rodajas, amarillo, naranja, rojo)
- Dos cucharadas y media de cilantro (picado)

Método

1. Para poner los camarones en salmuera, mezcla sal, agua, salsa de soja y azúcar en un bol. Agrega las gambas. Salmuera durante aproximadamente una hora.
2. Precalienta tu horno a doscientos grados centígrados.
3. Enjuaga los camarones y colócalos en una bandeja para hornear. Asa durante ocho minutos.
4. Combina la salsa de soja, el jugo de limón, la pimienta de cayena, el aceite de sésamo y el ajo en un tazón para mezclar. Agrega los camarones, el cilantro y los pimientos.
5. Mezcla para combinar.

Ensalada de repollo picante

Tiempo total de preparación y cocción: una hora y treinta minutos

Rinde: seis porciones

Información nutricional: Calorías: 130.2 | Proteínas: 5,3 g | Carbohidratos: 13,6 g | Grasas: 6,5 g | Fibra: 4,6 g

Ingredientes

- Dos limones

Una cucharada de cada uno:

- Pasta de chile
- Azúcar
- Aceite vegetal
- Una col de cabeza pequeña (picada)
- Dos zanahorias (picadas)
- Un pimiento rojo pequeño (cortado en cubitos)
- Medio pepino (en cubos)
- Un tercio de taza de cilantro (picado)
- Media taza de maní (tostado)
- Una pizca de sal

Método

1. Mezcla la pasta de chile, el azúcar y el jugo de lima en un tazón pequeño. Agrega el aceite lentamente y combínalo.
2. Combina el repollo, el pimiento, las zanahorias, el cilantro, el pepino y los cacahuetes en un tazón para mezclar. Agrega pimienta y sal.
3. Vierte el aderezo preparado sobre las verduras mixtas. Mezcla para recubrir.

Enfría la ensalada durante treinta minutos.

Lightning Source UK Ltd.
Milton Keynes UK
UKHW022328030521
383069UK00007B/225

9 781802 521481